元明兴替

一百八十年的战争与秩序重构

The YUAN-MING Transition

作战示意图

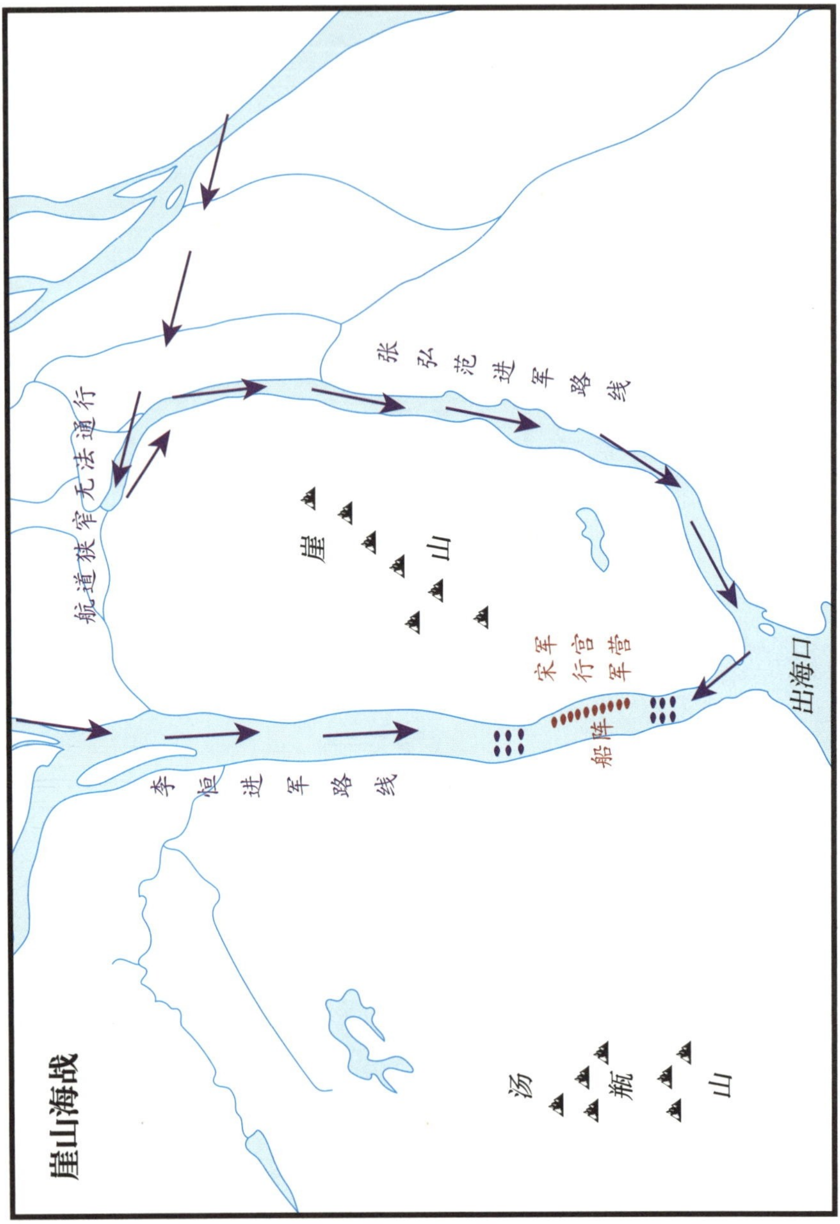
崖山海战
航道狭窄无法通行
张弘范进军路线
崖山
宋军行宫军营
船阵
出海口
李恒进军路线
汤瓶山

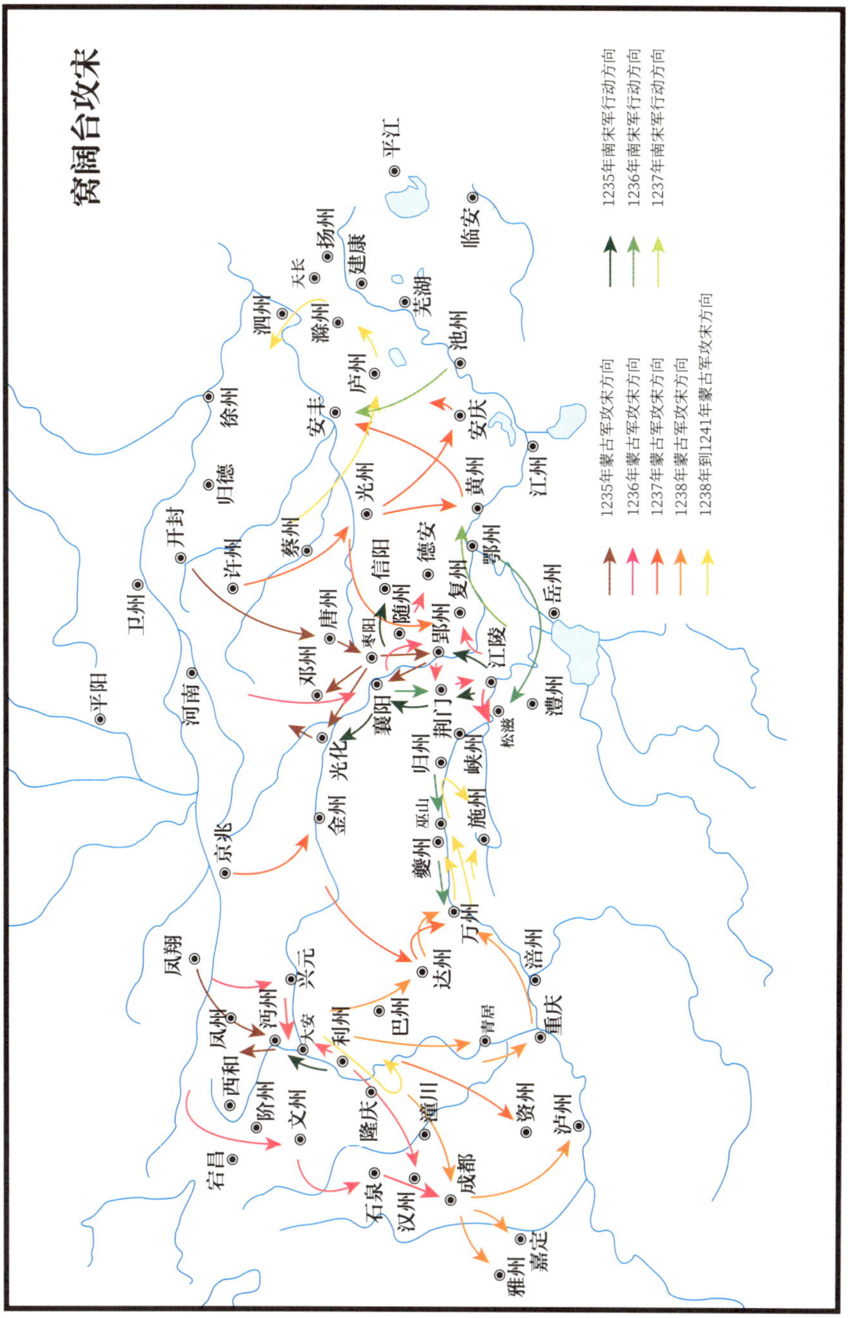
窝阔台攻宋
1235年南宋军行动方向
1236年南宋军行动方向
1237年南宋军行动方向
1235年蒙古军攻宋方向
1236年蒙古军攻宋方向
1237年蒙古军攻宋方向
1238年蒙古军攻宋方向
1238年到1241年蒙古军攻宋方向
平江
临安
扬州
天长
建康
芜湖
泗州
滁州
池州
庐州
徐州
安丰
安庆
归德
光州
黄州
江州
开封
许州
蔡州
信阳
德安
鄂州
卫州
随州
复州
岳州
唐州
枣阳
郢州
江陵
平阳
邓州
河南
襄阳
荆门
松滋
澧州
光化
归州
峡州
金州
巫山
施州
京兆
夔州
万州
凤翔
兴元
达州
涪州
凤州
沔州
巴州
大安
利州
青居
重庆
西和
阶州
文州
隆庆
潼川
资州
泸州
宕昌
石泉
汉州
成都
嘉定
雅州

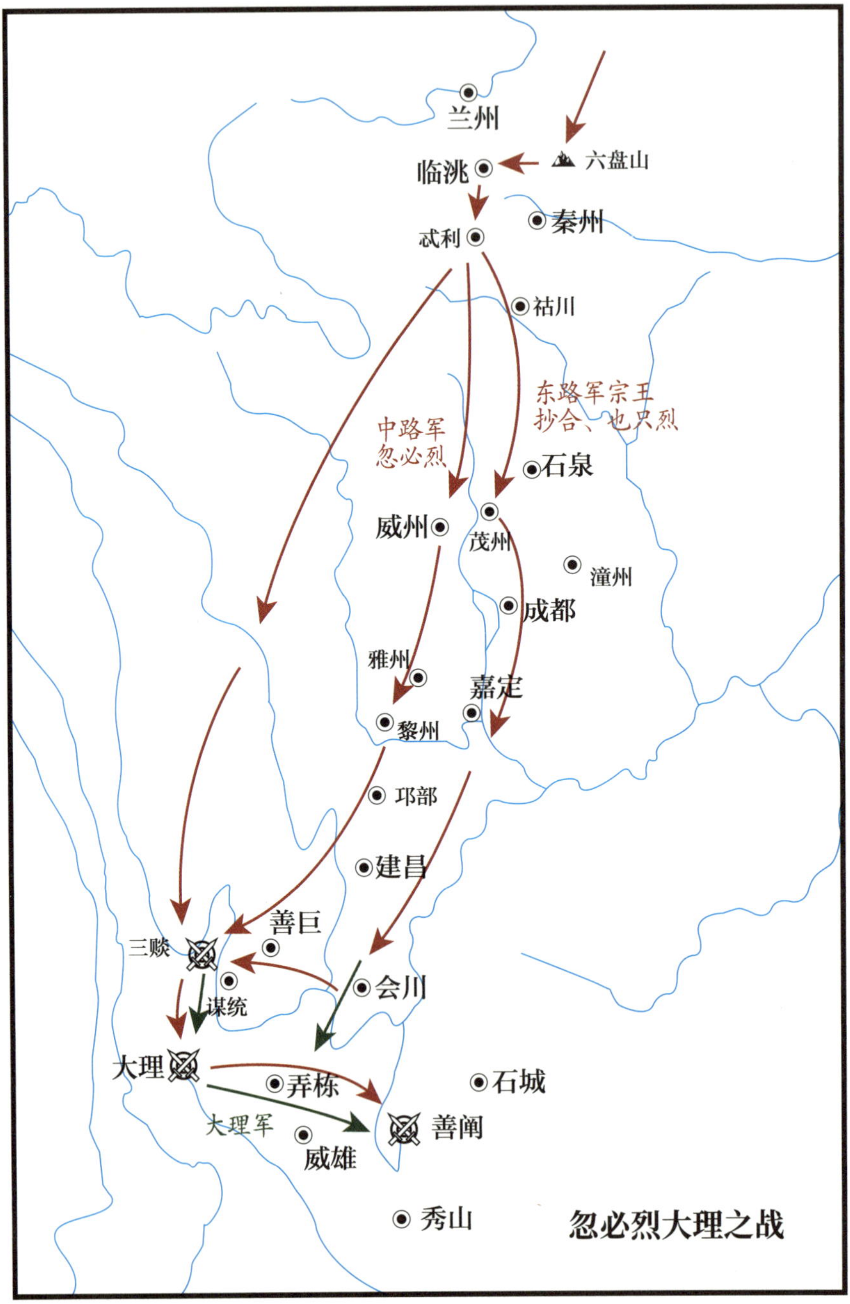
兰州
临洮
六盘山
秦州
忒利
祐川
东路军宗王
抄合、也只烈
中路军
忽必烈
石泉
威州
茂州
潼州
成都
雅州
嘉定
黎州
邛部
建昌
善巨
三赕
谋统
会川
大理
弄栋
石城
大理军
威雄
善阐
秀山
忽必烈大理之战

钓鱼城之战

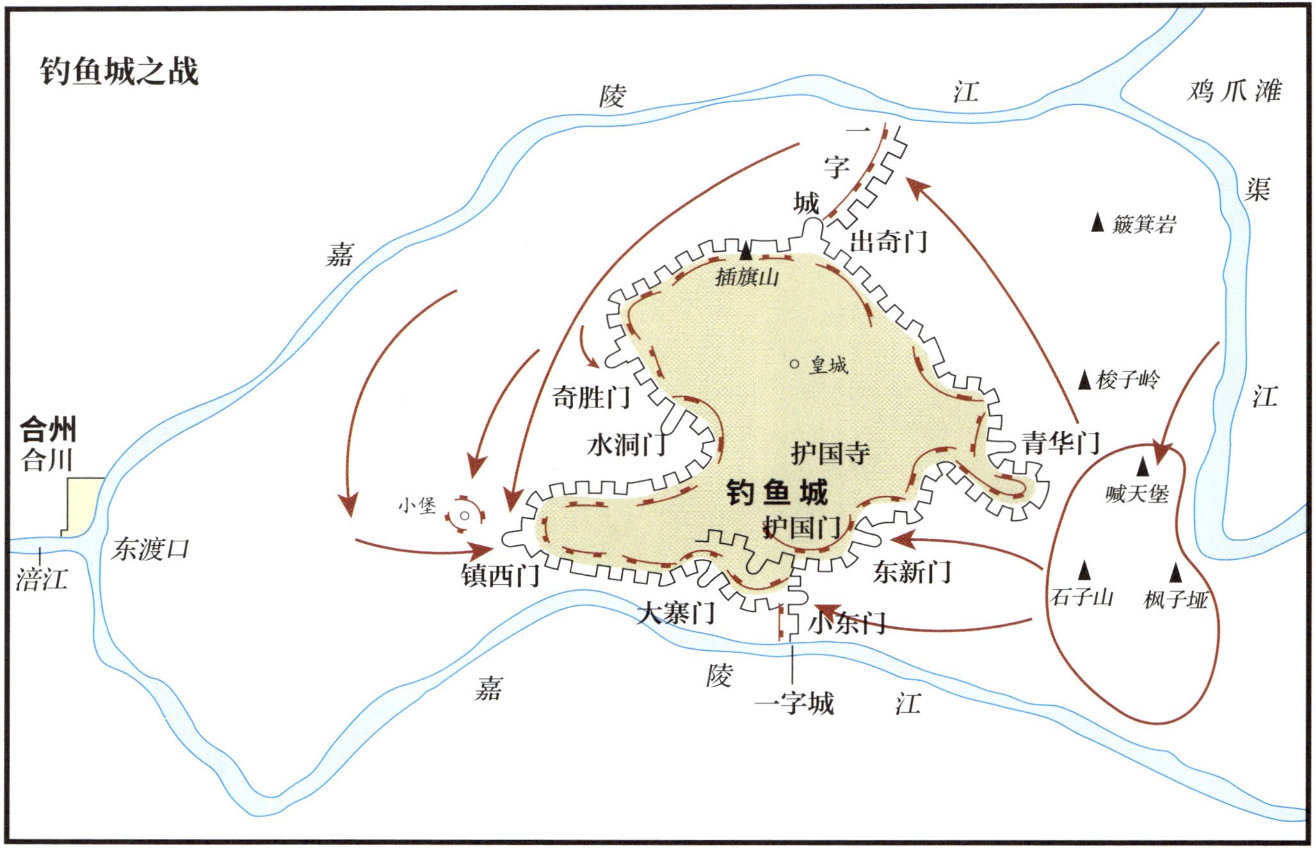

鸡爪滩
渠
江
陵
嘉
一字城
出奇门
簸箕岩
梭子岭
插旗山
皇城
奇胜门
水洞门
护国寺
钓鱼城
护国门
青华门
喊天堡
石子山
枫子垭
东新门
小东门
大寨门
镇西门
小堡
合州
合川
东渡口
涪江
嘉
陵
江
一字城

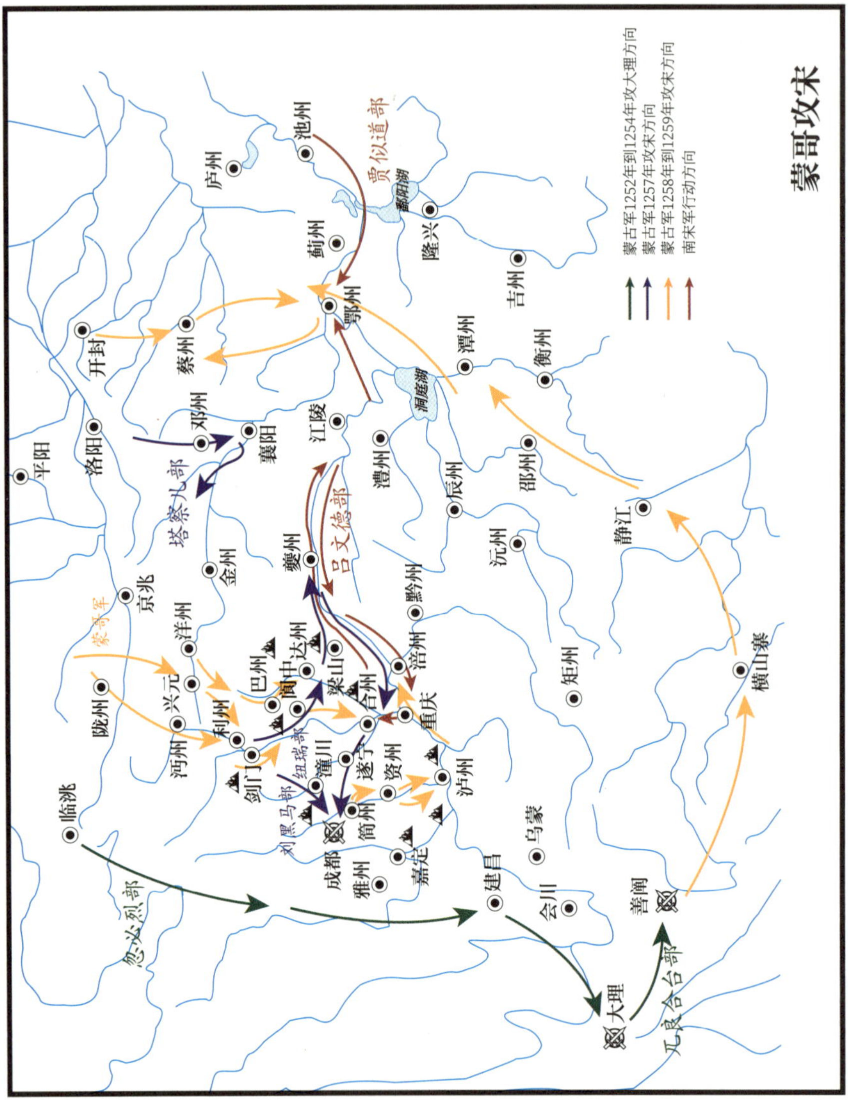

蒙哥攻宋
蒙古军1252年到1254年攻大理方向
蒙古军1257年攻宋方向
蒙古军1258年到1259年攻宋方向
南宋军行动方向
忽必烈部
兀良合台部
塔察儿部
纽璘部
刘黑马部
吕文德部
贾似道部
蒙哥军
鄱阳湖
洞庭湖
池州
庐州
蕲州
隆兴
吉州
鄂州
开封
蔡州
潭州
衡州
平阳
洛阳
邓州
襄阳
江陵
澧州
辰州
邵州
静江
金州
夔州
沅州
京兆
洋州
黔州
兴元
巴州
阆中
达州
梁山
涪州
合州
重庆
矩州
横山寨
陇州
利州
沔州
剑门
潼川
遂宁
资州
泸州
简州
成都
乌蒙
嘉定
雅州
建昌
会川
善阐
大理
临洮

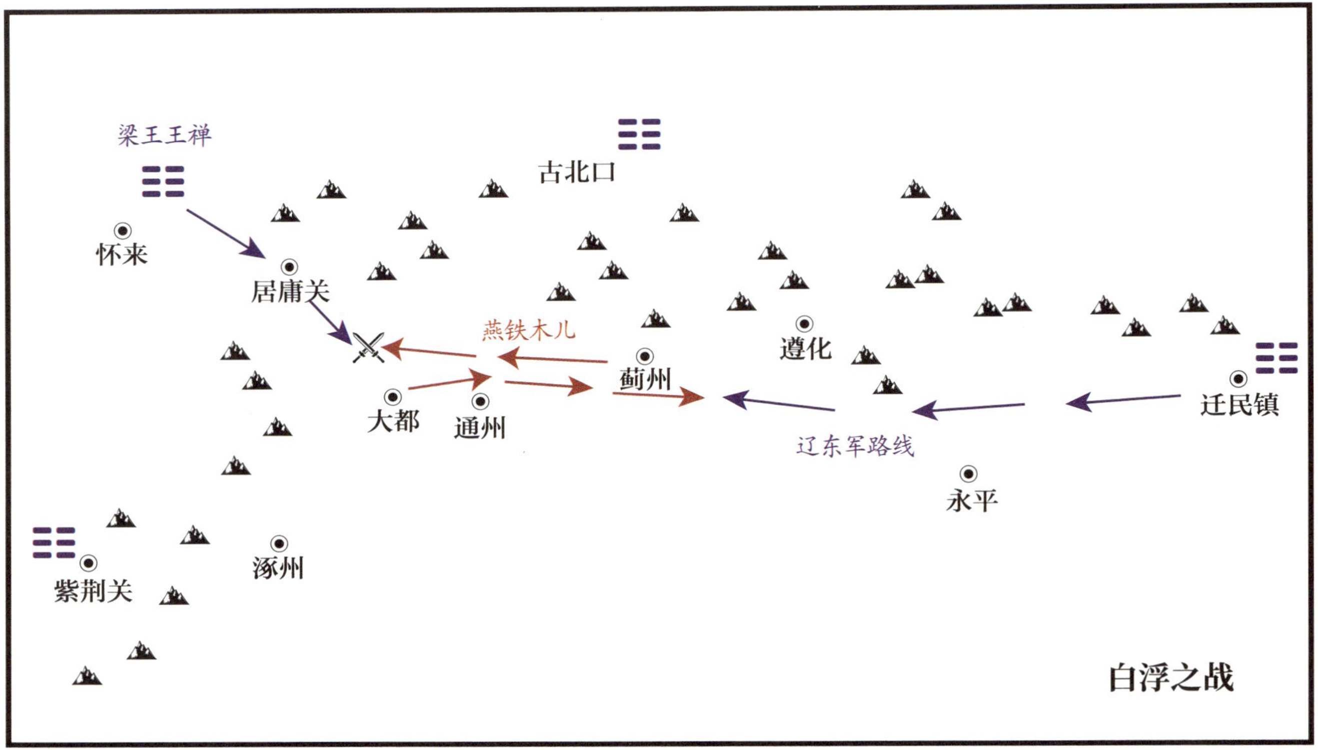
梁王王禅
古北口
怀来
居庸关
燕铁木儿
遵化
蓟州
大都
通州
迁民镇
辽东军路线
永平
紫荆关
涿州
白浮之战

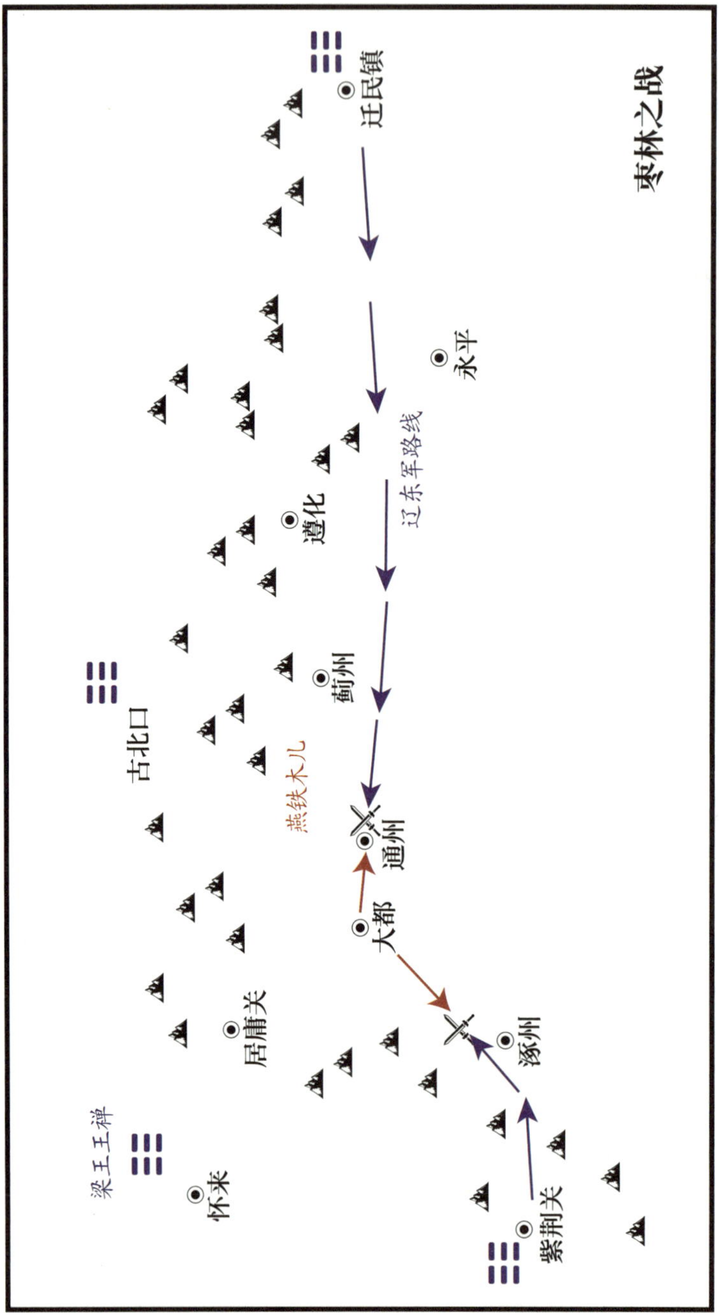
枣林之战
迁民镇
永平
辽东军路线
遵化
蓟州
古北口
燕铁木儿
通州
大都
居庸关
涿州
梁王王禅
怀来
紫荆关

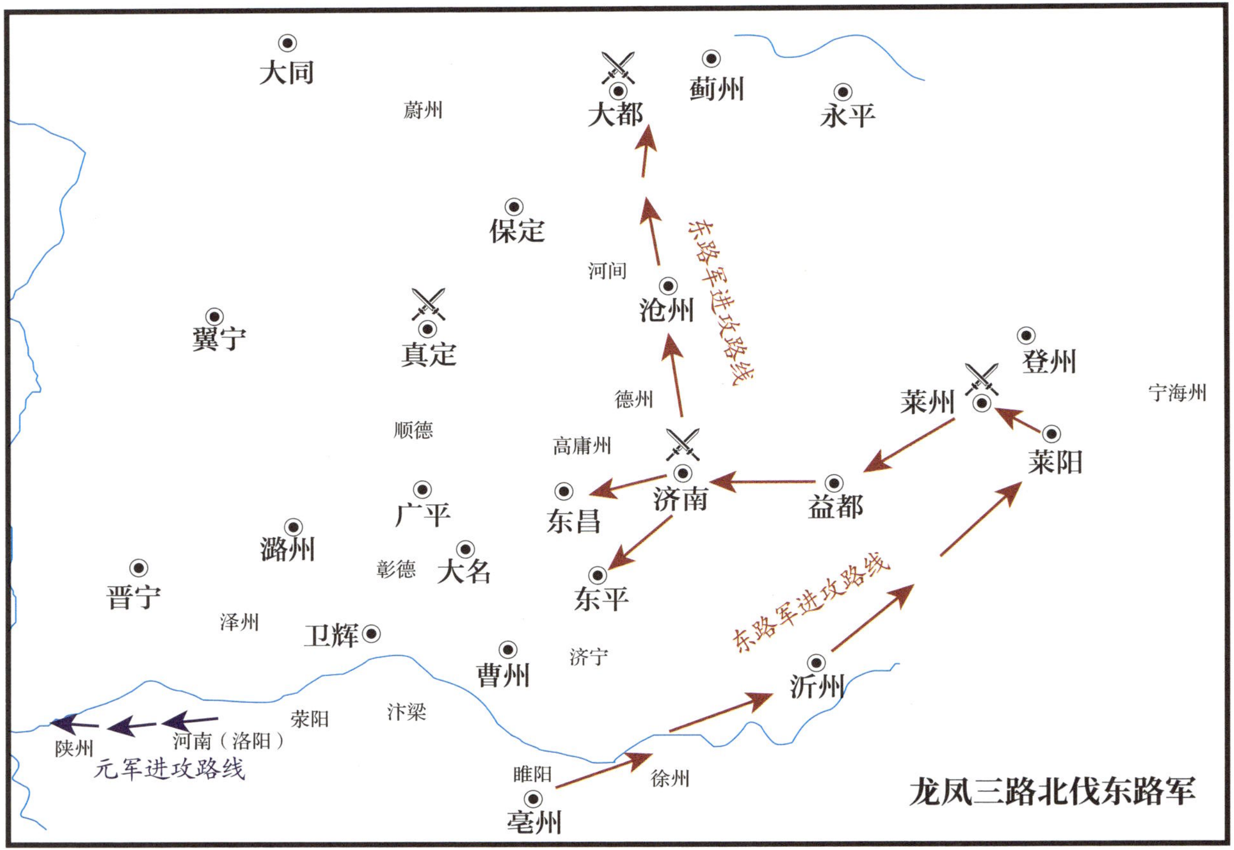
龙凤三路北伐东路军
大同
蔚州
大都
蓟州
永平
保定
河间
东路军进攻路线
沧州
翼宁
真定
登州
宁海州
莱州
德州
顺德
高唐州
莱阳
济南
益都
东昌
广平
潞州
彰德
大名
东平
东路军进攻路线
晋宁
泽州
卫辉
曹州
济宁
沂州
荥阳
汴梁
陕州
河南（洛阳）
元军进攻路线
睢阳
徐州
亳州

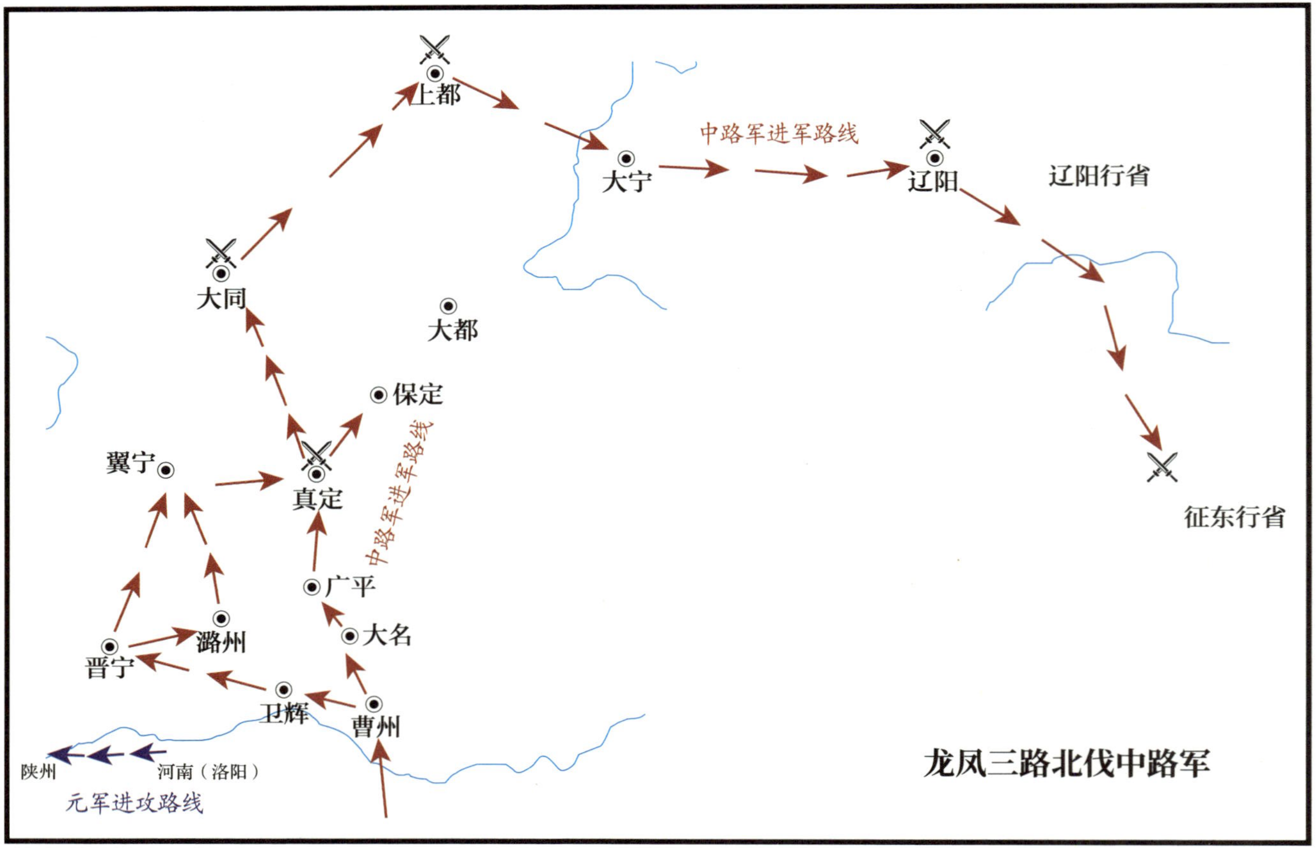
上都
大宁
中路军进军路线
辽阳
辽阳行省
大同
大都
保定
翼宁
真定
中路军进军路线
征东行省
广平
潞州
大名
晋宁
卫辉
曹州
陕州
河南（洛阳）
元军进攻路线
龙凤三路北伐中路军

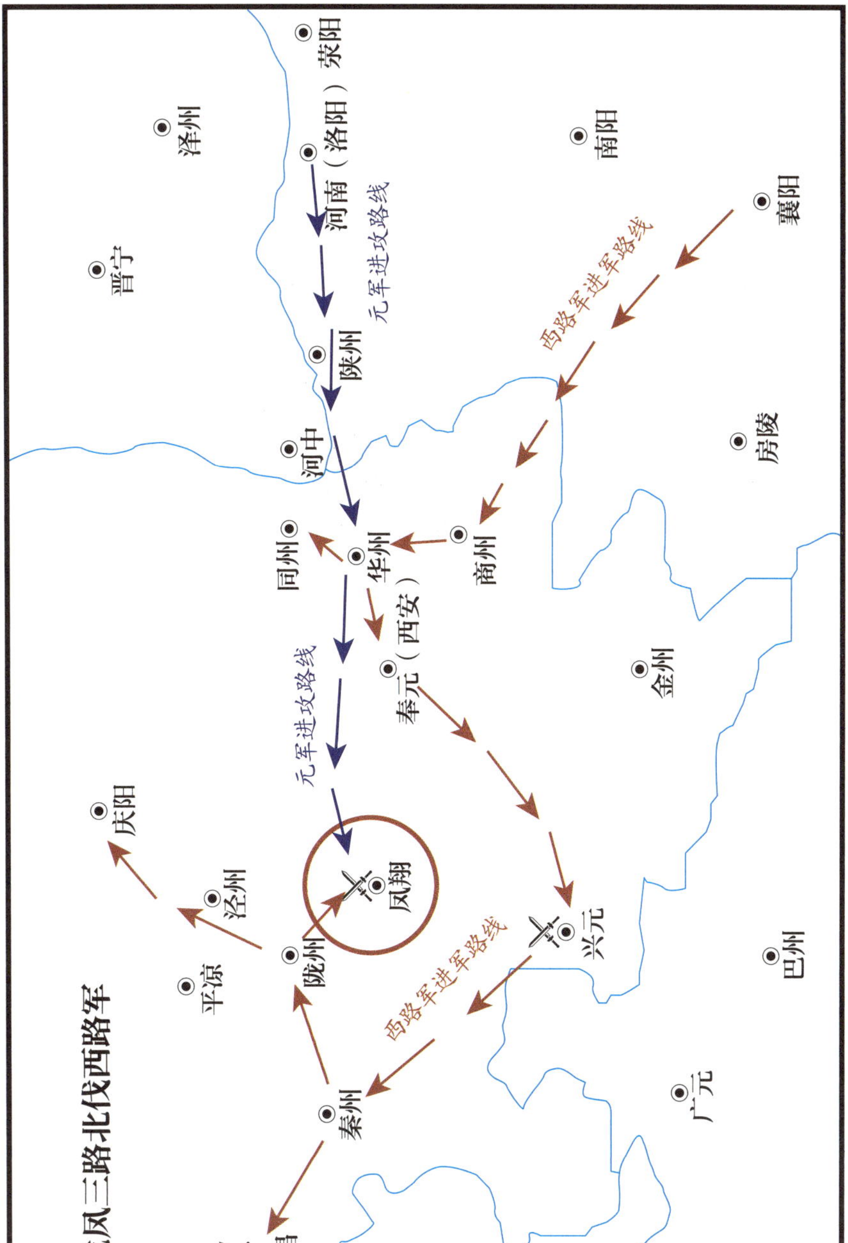
龙凤三路北伐西路军
泽州
晋宁
荥阳
河南（洛阳）
元军进攻路线
陕州
河中
南阳
襄阳
西路军进军路线
房陵
同州
华州
商州
奉元（西安）
元军进攻路线
金州
庆阳
泾州
凤翔
平凉
陇州
兴元
西路军进军路线
巴州
秦州
广元
巩昌

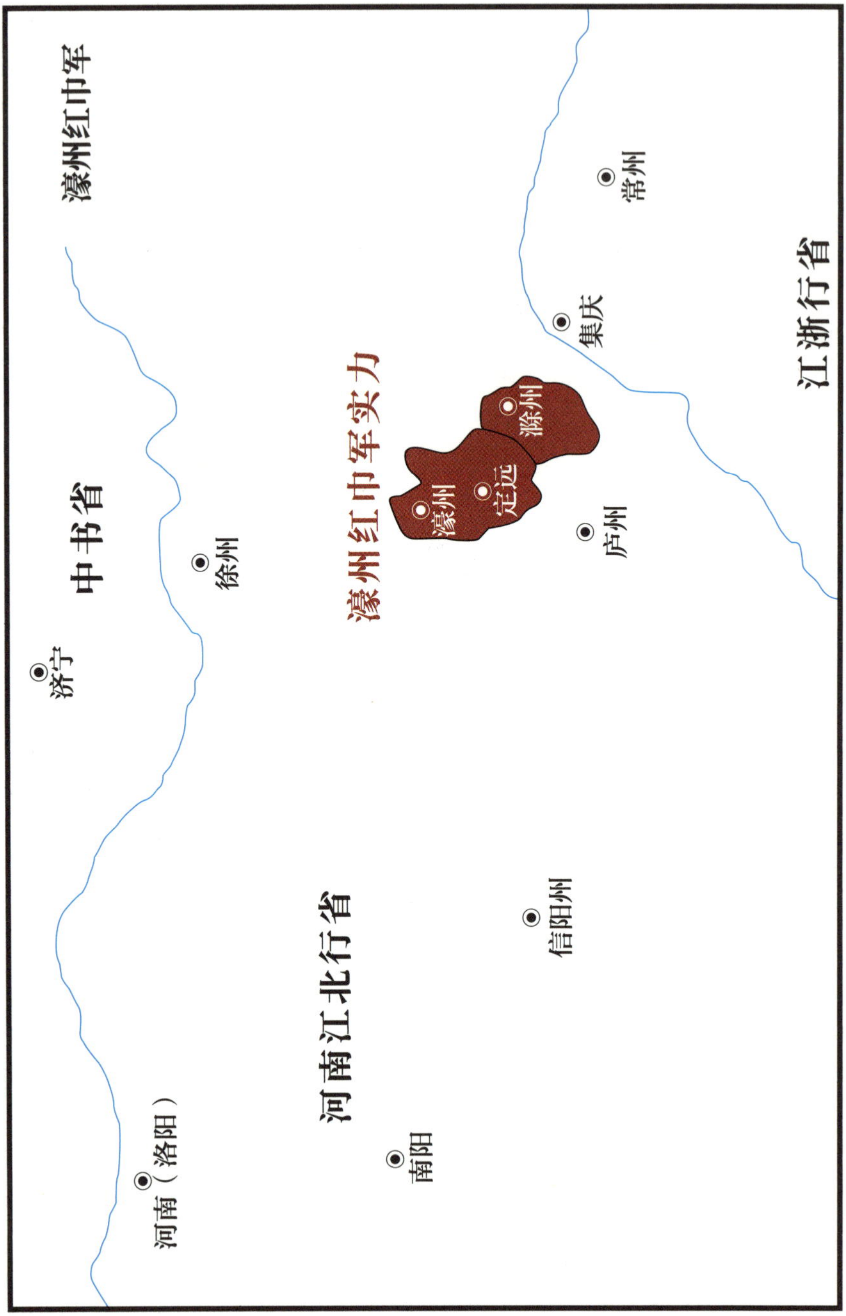
濠州红巾军
中书省
济宁
徐州
濠州红巾军实力
濠州
定远
滁州
集庆
常州
庐州
江浙行省
河南江北行省
信阳州
南阳
河南（洛阳）

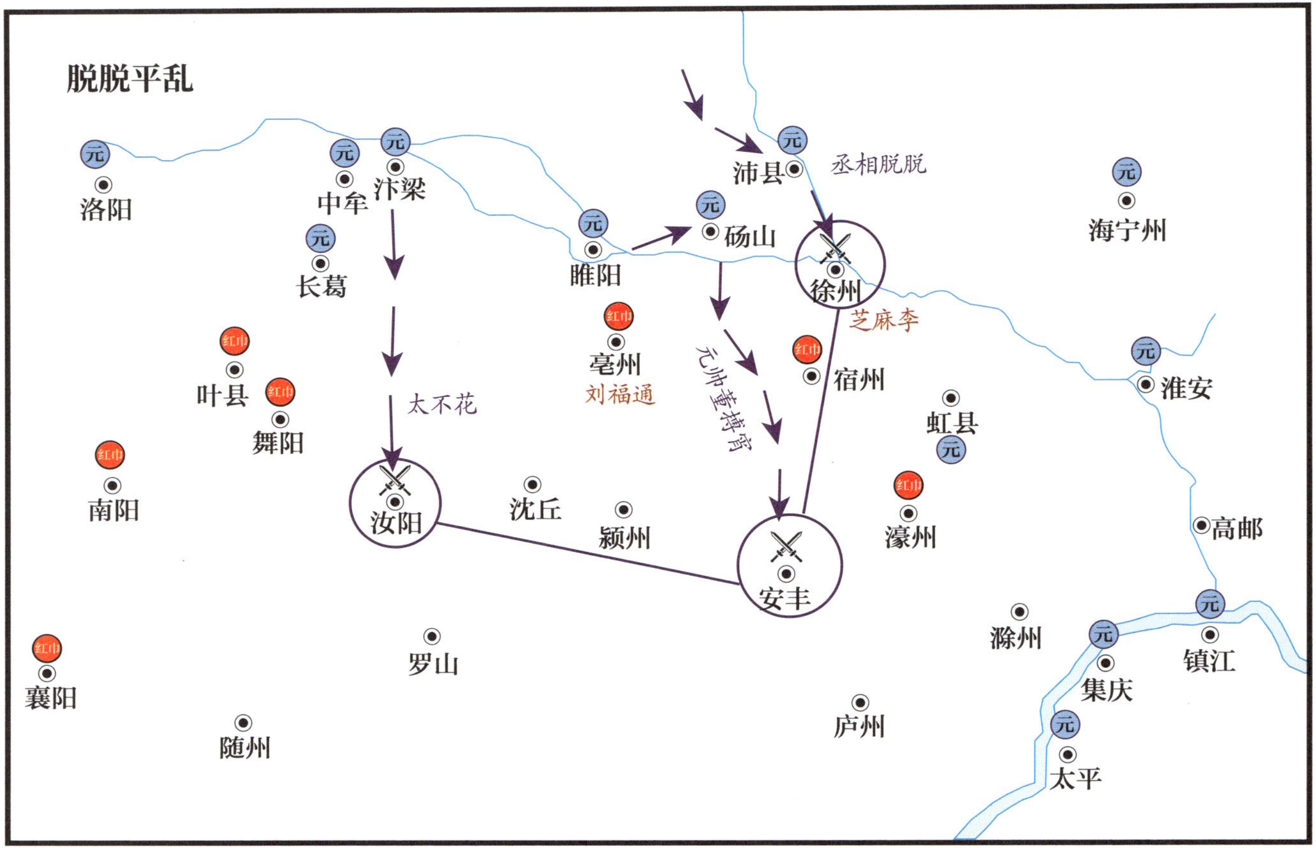
脱脱平乱
洛阳
中牟
汴梁
长葛
睢阳
砀山
沛县
丞相脱脱
徐州
芝麻李
海宁州
淮安
叶县
舞阳
南阳
襄阳
随州
太不花
汝阳
罗山
沈丘
颍州
亳州
刘福通
元帅董抟宵
安丰
宿州
虹县
濠州
庐州
高邮
滁州
集庆
镇江
太平
元
红巾

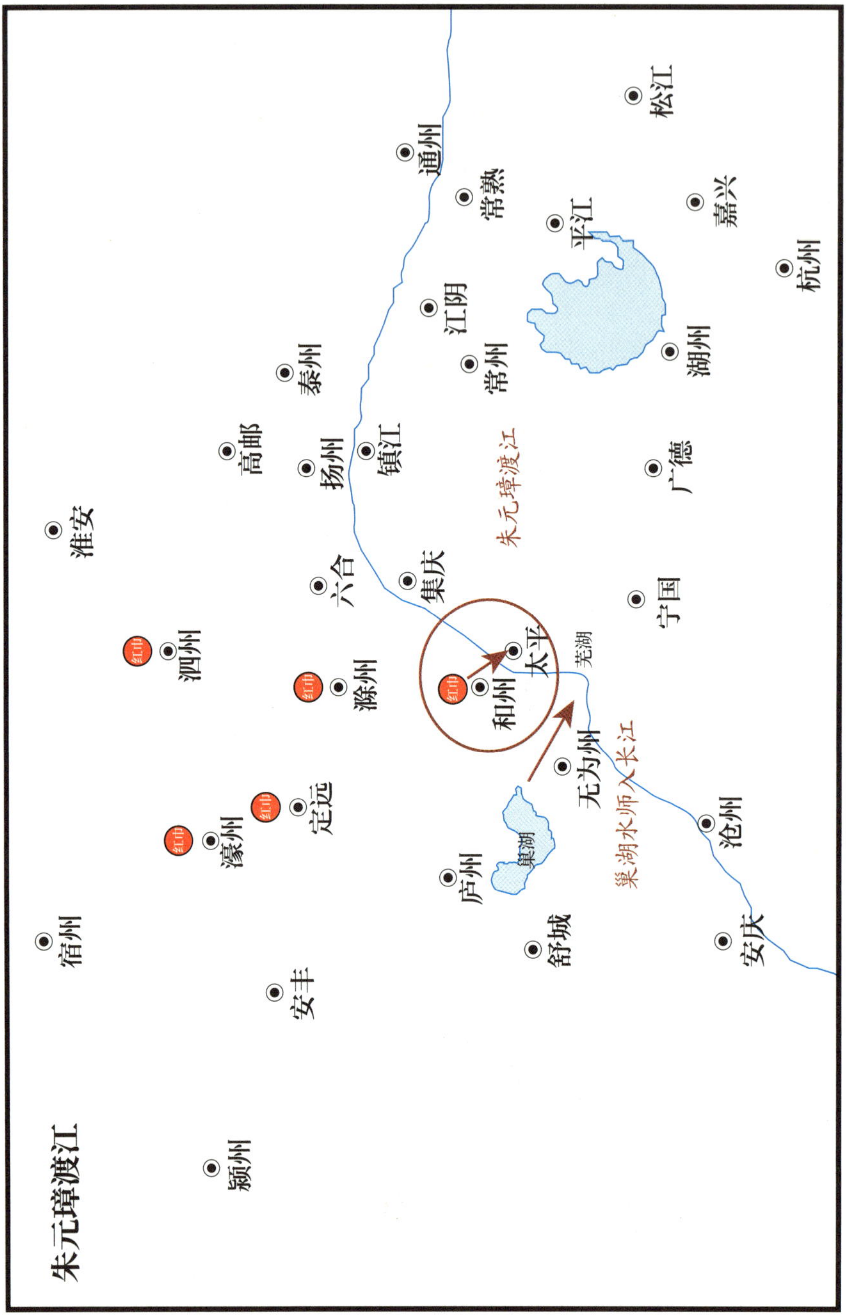
朱元璋渡江
淮安
高邮
泰州
通州
松江
常熟
平江
嘉兴
杭州
江阴
湖州
常州
扬州
镇江
朱元璋渡江
广德
六合
集庆
宁国
泗州
红巾
太平
芜湖
滁州
和州
无为州
巢湖水师入长江
定远
濠州
沧州
庐州
巢湖
舒城
安庆
宿州
安丰
颍州

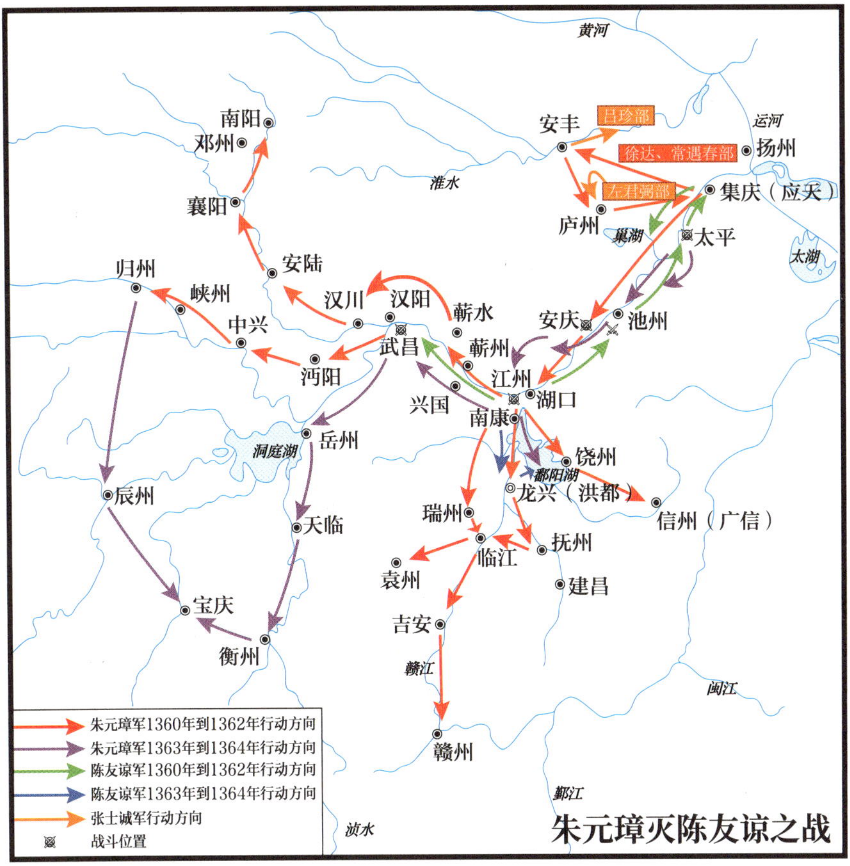
黄河
运河
吕珍部
安丰
徐达、常遇春部
扬州
淮水
左君弼部
集庆（应天）
庐州
巢湖
太平
太湖
南阳
邓州
襄阳
安陆
归州
峡州
汉川
汉阳
蕲水
安庆
池州
中兴
武昌
蕲州
沔阳
江州
湖口
兴国
南康
岳州
洞庭湖
饶州
鄱阳湖
龙兴（洪都）
辰州
信州（广信）
天临
瑞州
抚州
临江
袁州
建昌
宝庆
吉安
衡州
赣江
闽江
赣州
鄞江
涢水
朱元璋军1360年到1362年行动方向
朱元璋军1363年到1364年行动方向
陈友谅军1360年到1362年行动方向
陈友谅军1363年到1364年行动方向
张士诚军行动方向
战斗位置
朱元璋灭陈友谅之战

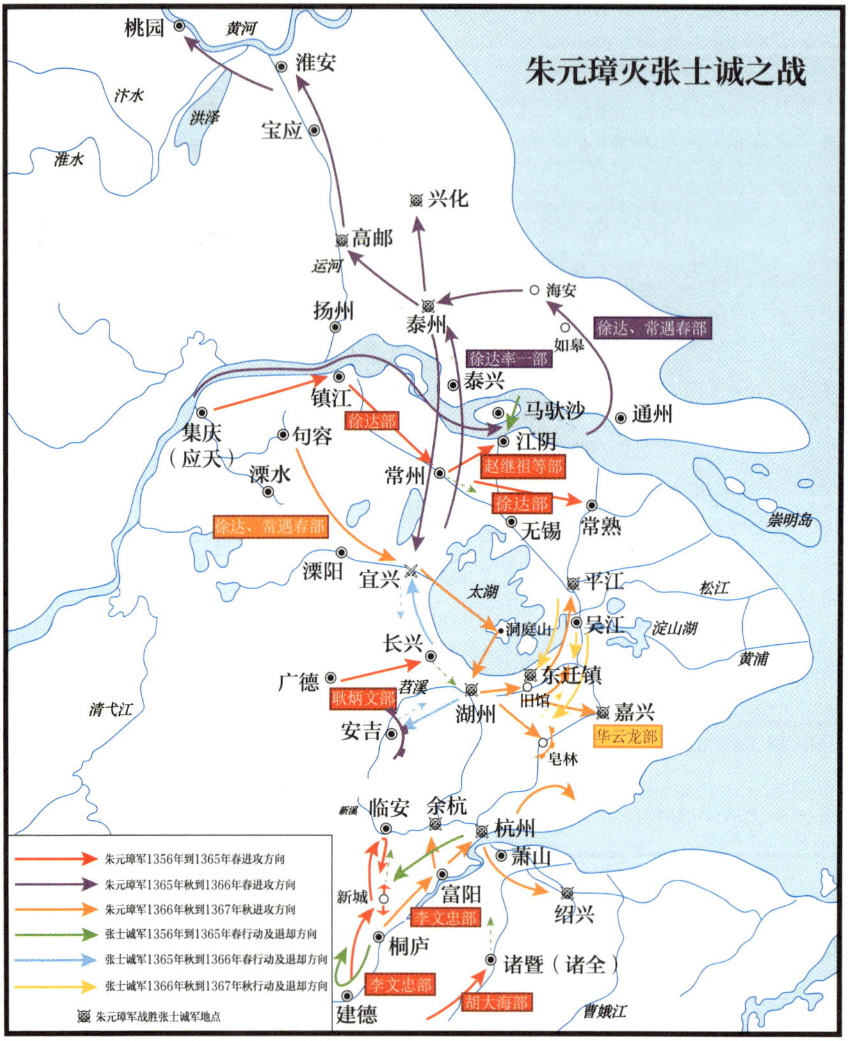
朱元璋灭张士诚之战
桃园
黄河
淮安
汴水
洪泽
宝应
淮水
兴化
高邮
运河
扬州
泰州
海安
如皋
徐达、常遇春部
徐达率一部
泰兴
镇江
马驮沙
通州
集庆
（应天）
句容
徐达部
江阴
常州
赵继祖等部
溧水
徐达部
常熟
无锡
崇明岛
徐达、常遇春部
溧阳
宜兴
太湖
平江
松江
洞庭山
吴江
淀山湖
长兴
黄浦
广德
东迁镇
苕溪
湖州
旧馆
耿炳文部
嘉兴
安吉
华云龙部
皂林
清弋江
新溪
临安
余杭
杭州
萧山
新城
富阳
绍兴
李文忠部
桐庐
诸暨（诸全）
李文忠部
胡大海部
建德
曹娥江
朱元璋军1356年到1365年春进攻方向
朱元璋军1365年秋到1366年春进攻方向
朱元璋军1366年秋到1367年秋进攻方向
张士诚军1356年到1365年春行动及退却方向
张士诚军1365年秋到1366年春行动及退却方向
张士诚军1366年秋到1367年秋行动及退却方向
朱元璋军战胜张士诚军地点

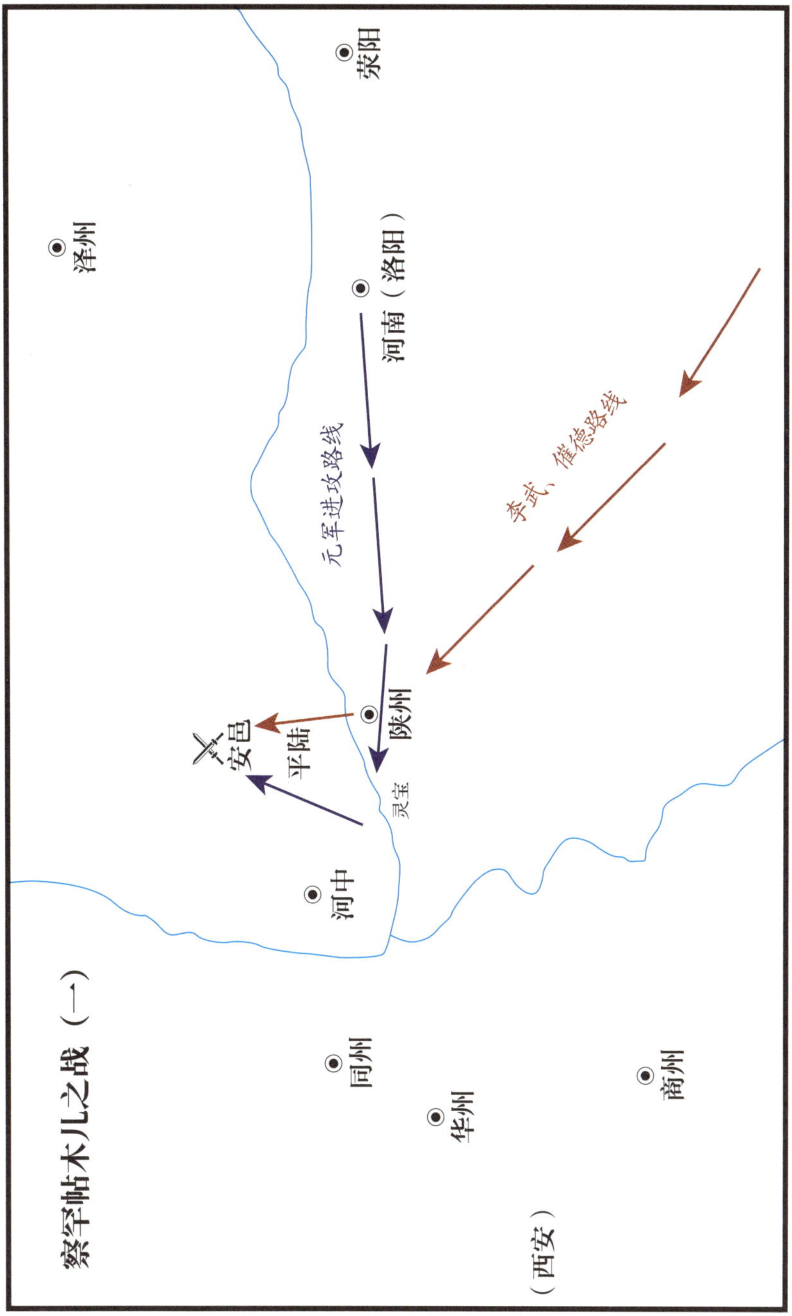

察罕帖木儿之战（一）

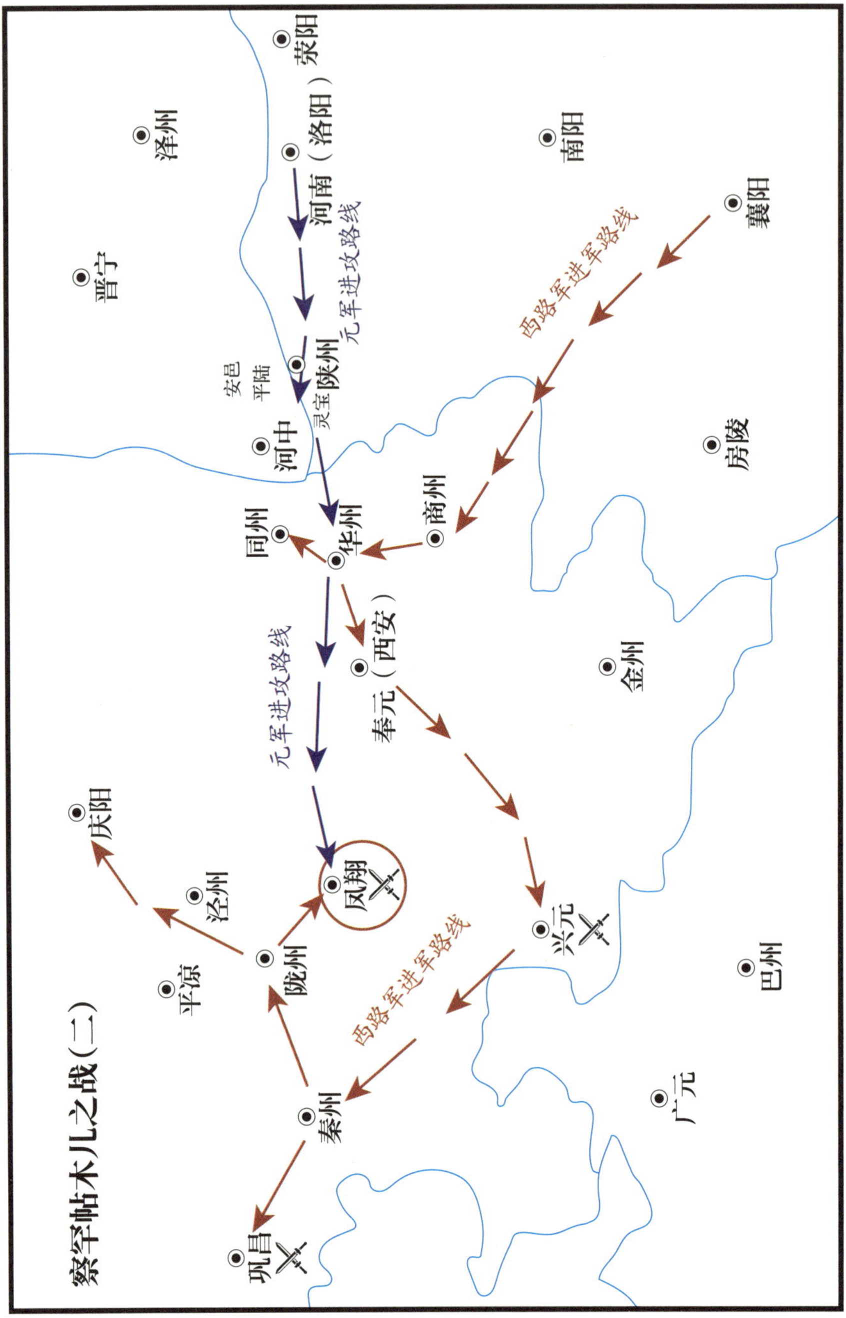

察罕帖木儿之战(二)
荥阳
河南（洛阳）
南阳
泽州
晋宁
襄阳
元军进攻路线
西路军进军路线
陕州
安邑
平陆
灵宝
河中
房陵
商州
同州
华州
奉元（西安）
金州
元军进攻路线
庆阳
泾州
凤翔
兴元
巴州
平凉
陇州
西路军进军路线
秦州
广元
巩昌

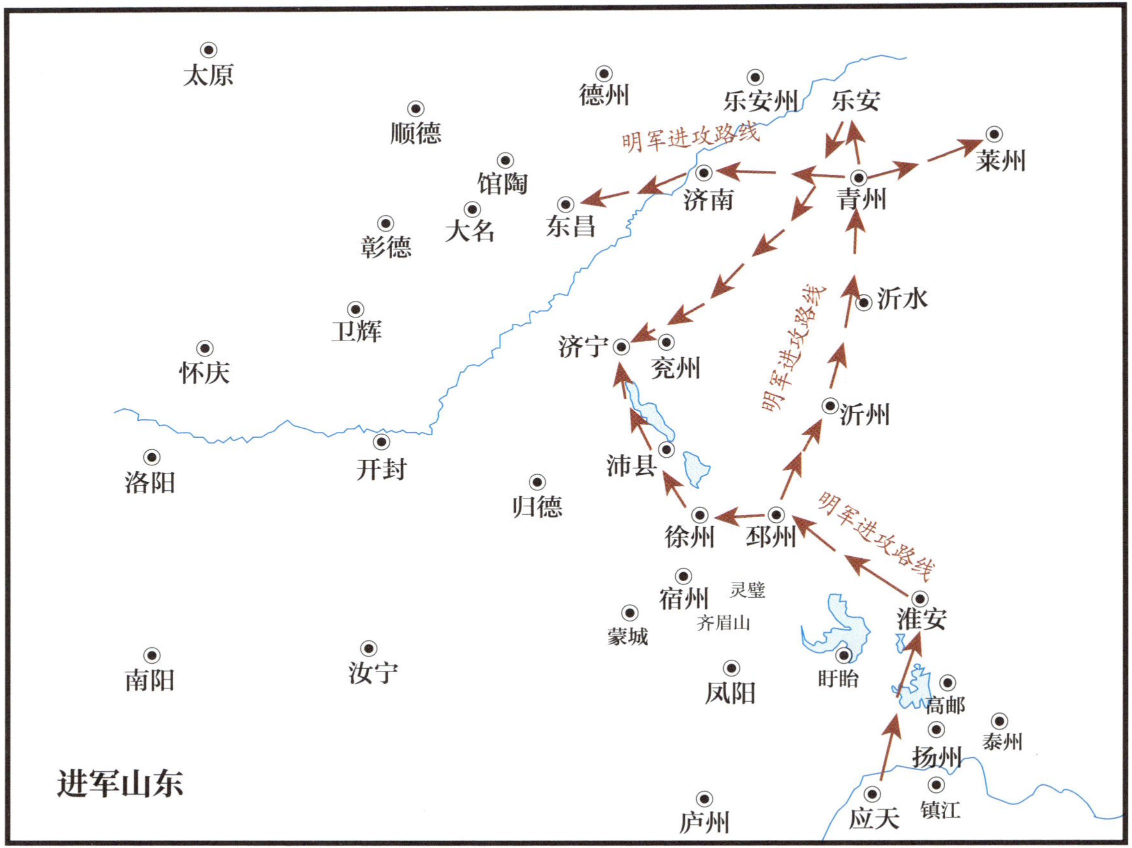
太原
德州
乐安州
乐安
顺德
明军进攻路线
莱州
馆陶
济南
青州
东昌
大名
彰德
沂水
卫辉
济宁
兖州
明军进攻路线
怀庆
沂州
沛县
洛阳
开封
归德
徐州
邳州
明军进攻路线
宿州
灵璧
淮安
蒙城
齐眉山
南阳
汝宁
盱眙
凤阳
高邮
泰州
扬州
进军山东
庐州
应天
镇江

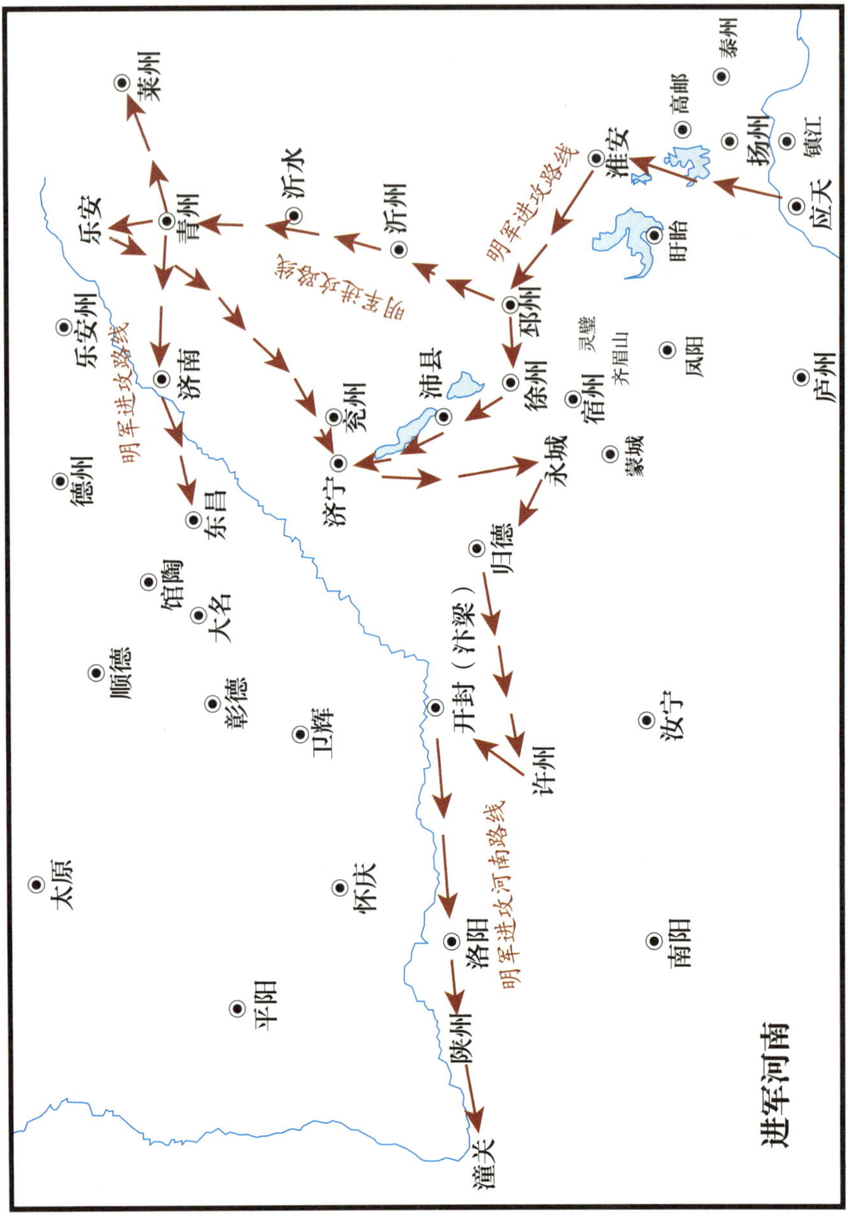
进军河南
明军进攻路线
明军进攻路线
明军进攻路线
明军进攻河南路线
莱州
乐安
青州
沂水
沂州
淮安
高邮
泰州
扬州
镇江
应天
盱眙
邳州
灵璧
齐眉山
凤阳
庐州
乐安州
济南
沛县
徐州
宿州
兖州
济宁
永城
蒙城
德州
东昌
归德
馆陶
大名
顺德
开封（汴梁）
彰德
卫辉
汝宁
许州
太原
怀庆
洛阳
南阳
平阳
陕州
潼关

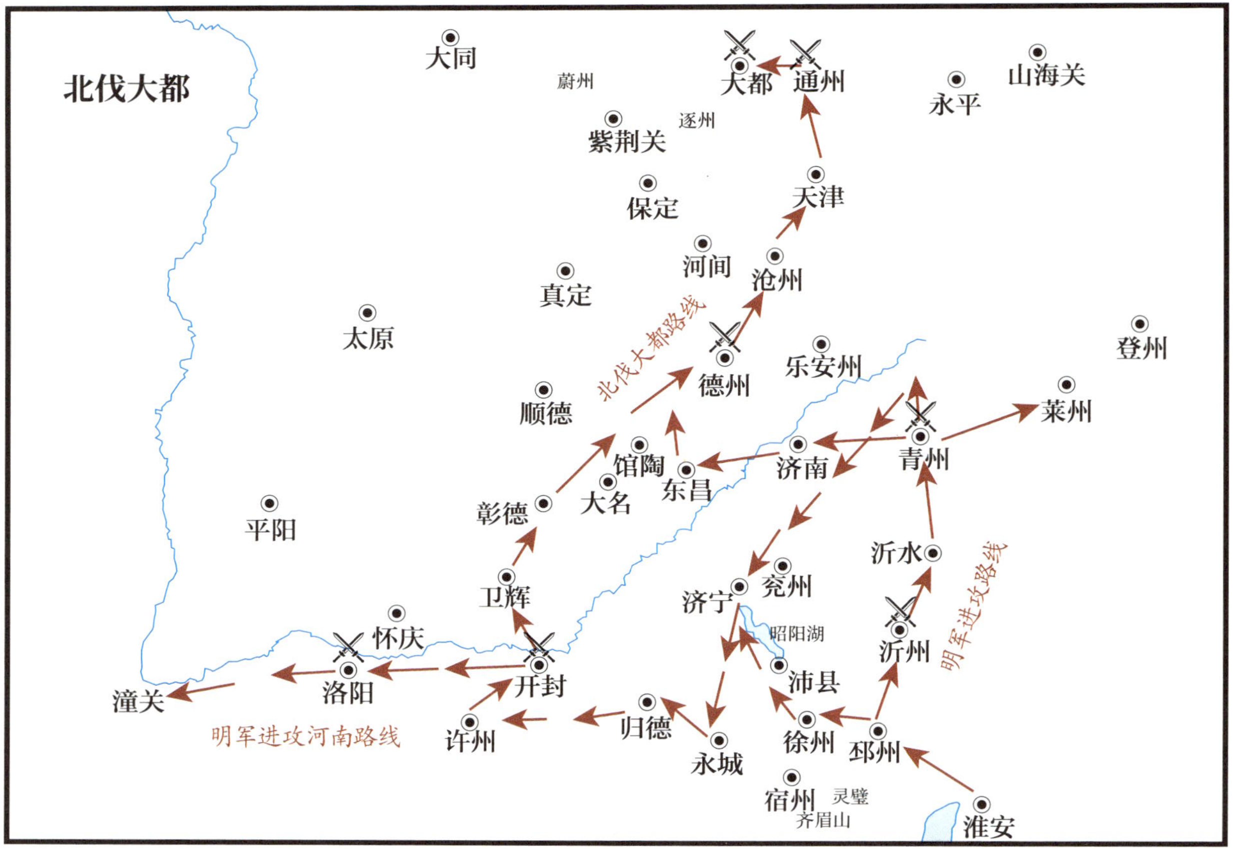
北伐大都
大同
蔚州
大都
通州
山海关
永平
紫荆关
逐州
保定
天津
河间
沧州
真定
太原
北伐大都路线
德州
乐安州
登州
顺德
莱州
馆陶
青州
东昌
济南
大名
彰德
平阳
沂水
明军进攻路线
济宁
兖州
卫辉
怀庆
昭阳湖
沂州
沛县
洛阳
开封
潼关
许州
归德
徐州
邳州
明军进攻河南路线
永城
宿州
灵璧
齐眉山
淮安

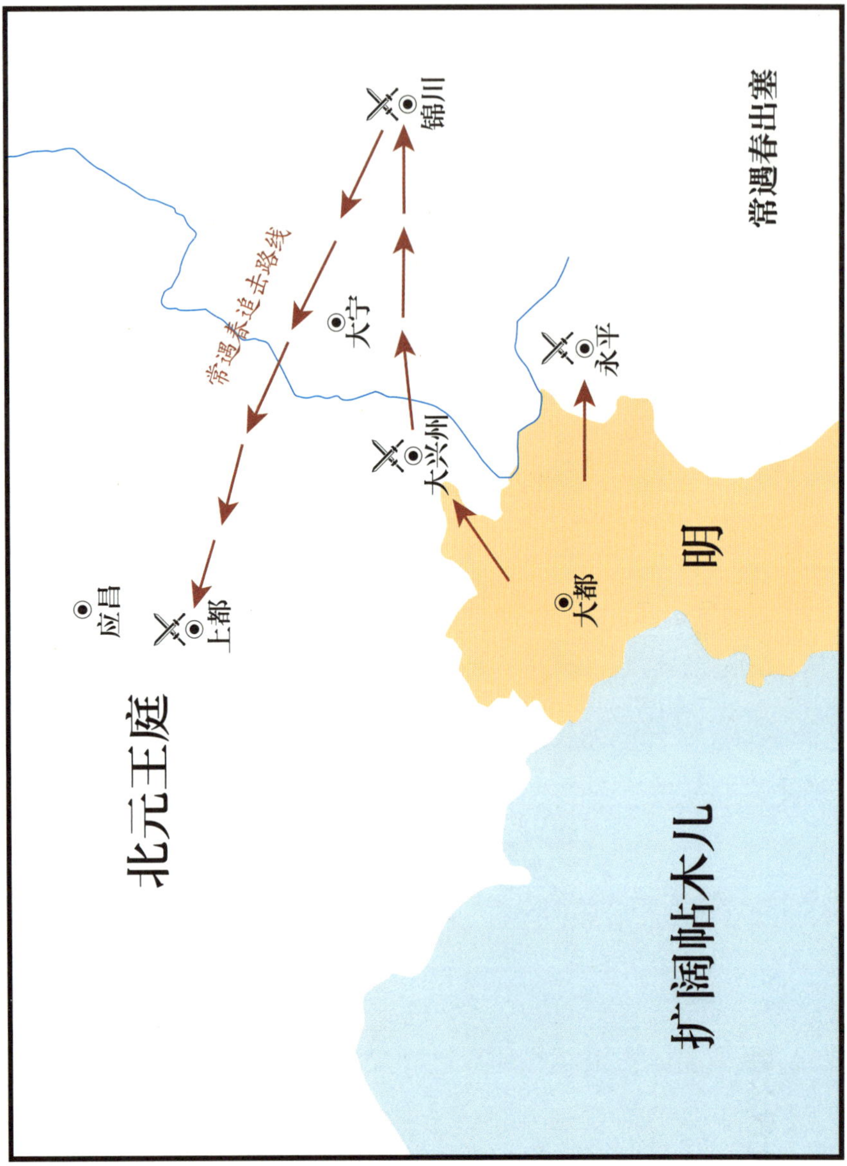
常遇春出塞
锦川
常遇春追击路线
大宁
永平
大兴州
上都
应昌
大都
明
北元王庭
扩阔帖木儿

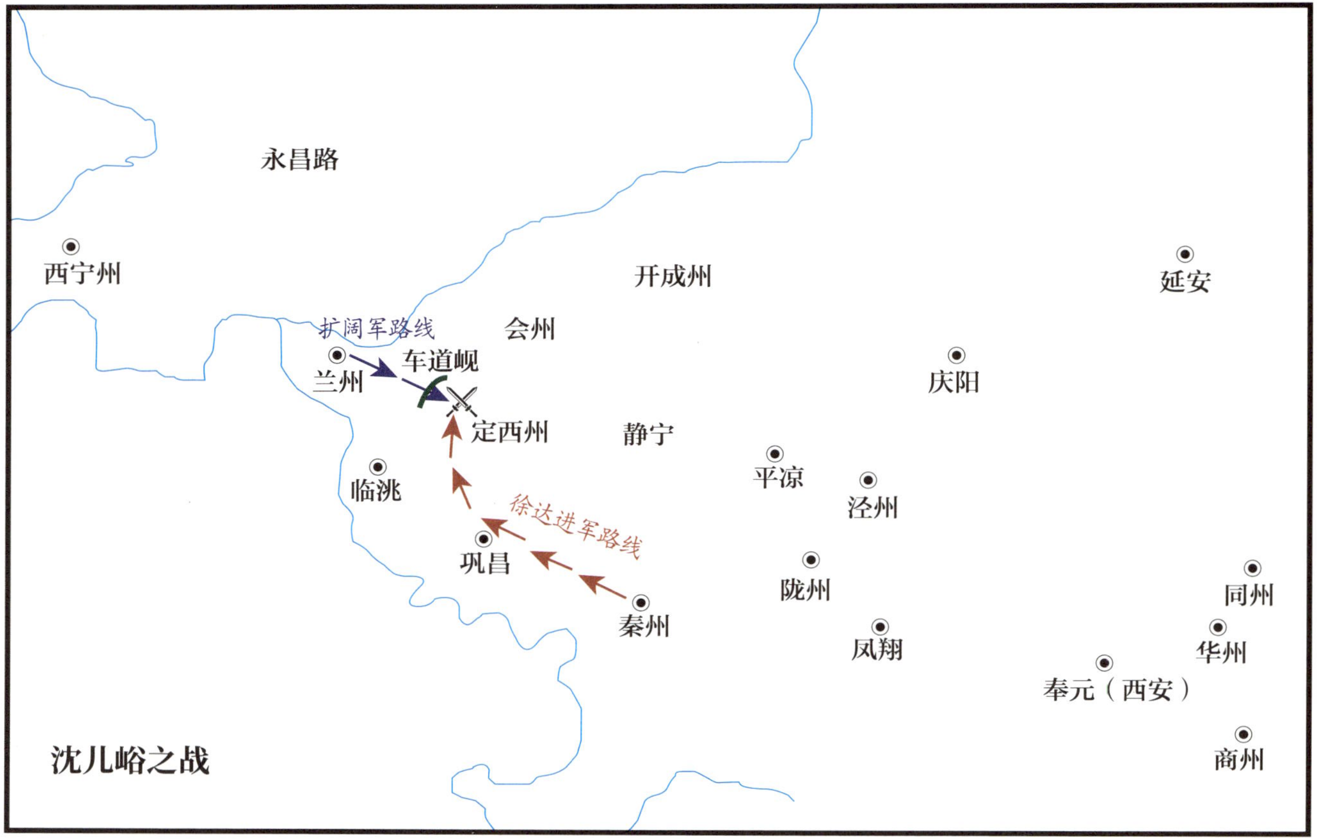
永昌路
西宁州
开成州
延安
扩阔军路线
会州
车道岘
兰州
庆阳
定西州
静宁
平凉
临洮
泾州
徐达进军路线
巩昌
陇州
同州
秦州
凤翔
华州
奉元（西安）
商州
沈儿峪之战

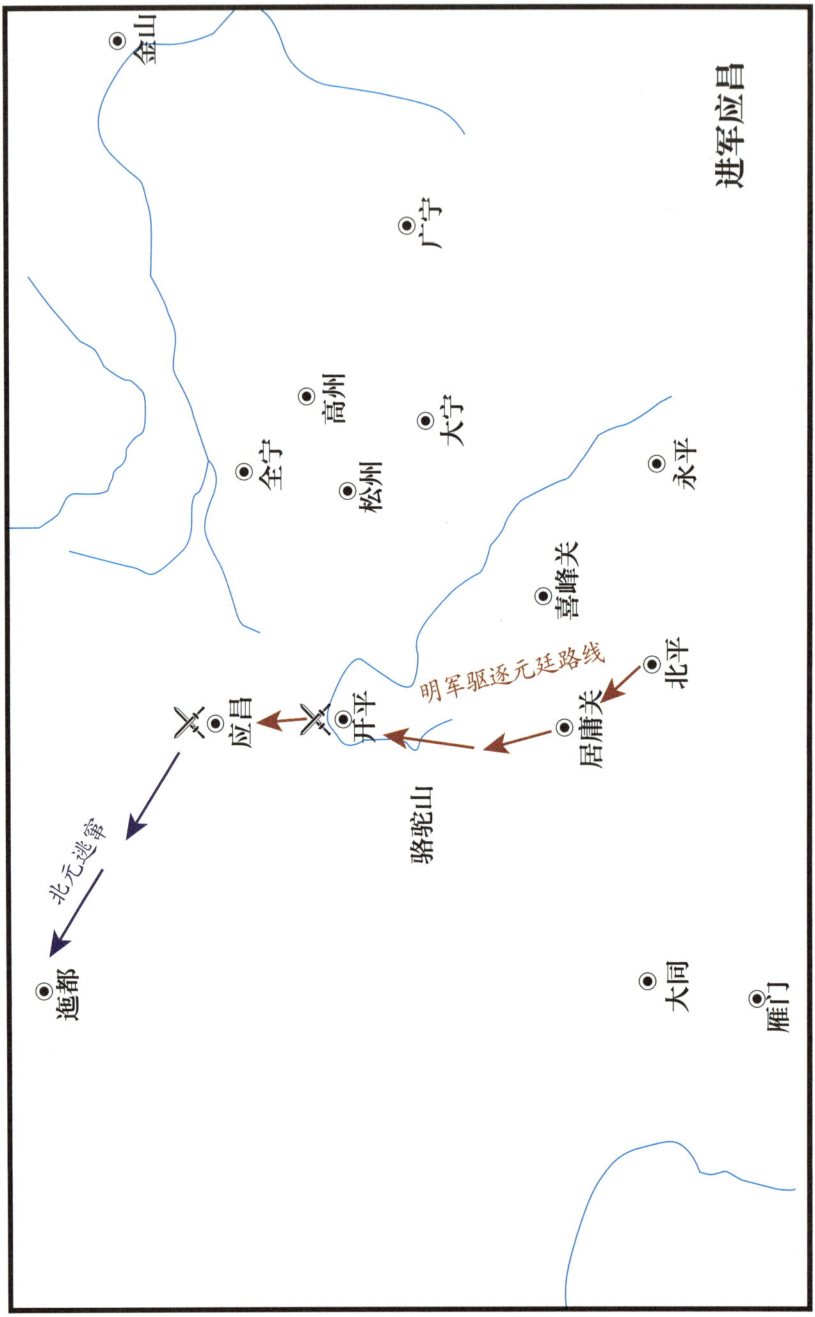
进军应昌
金山
广宁
高州
大宁
全宁
松州
永平
喜峰关
北平
明军驱逐元廷路线
居庸关
开平
应昌
骆驼山
北元逃窜
迤都
大同
雁门

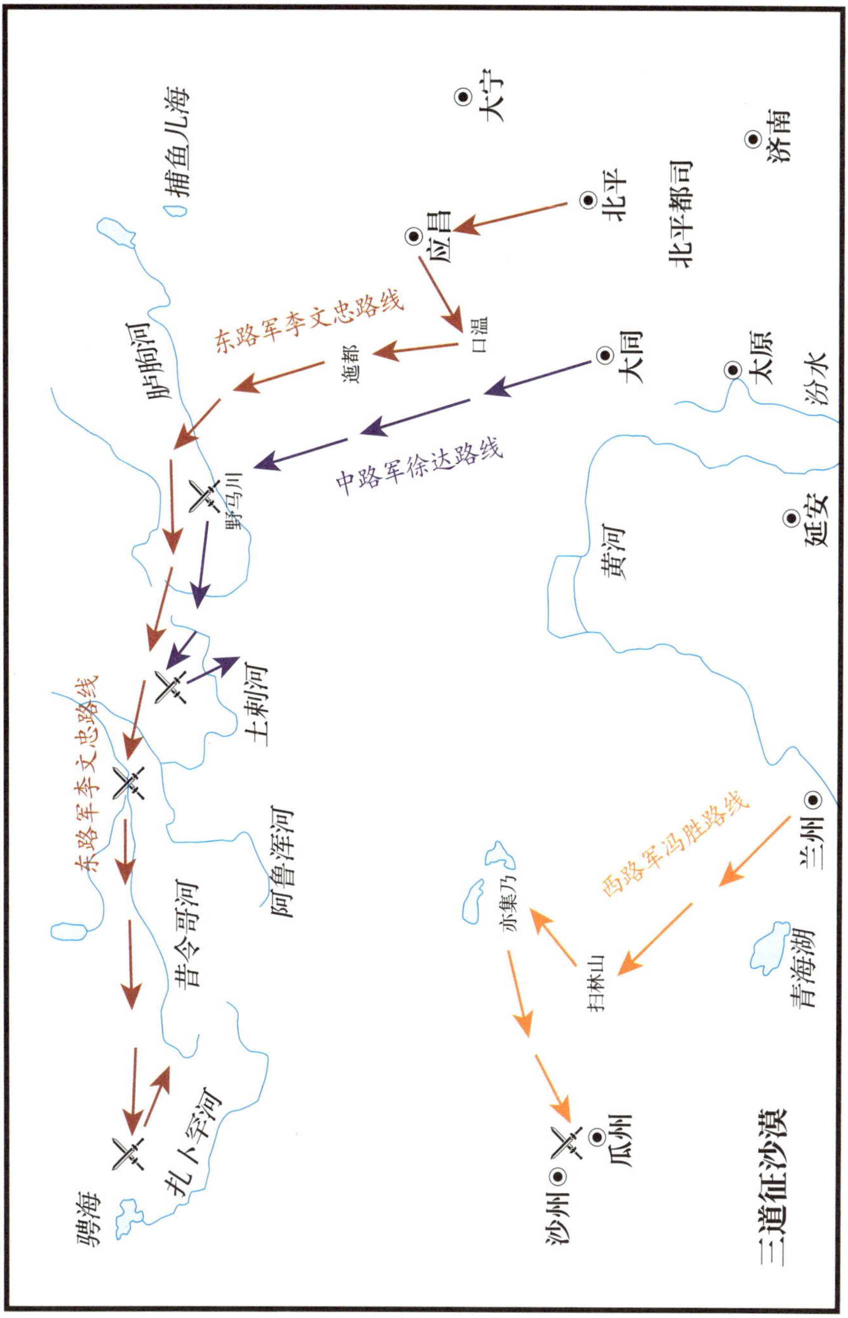
捕鱼儿海
大宁
济南
北平
北平都司
应昌
东路军李文忠路线
口温
胪朐河
迤都
大同
太原
汾水
中路军徐达路线
野马川
延安
黄河
土剌河
东路军李文忠路线
阿鲁浑河
昔令哥河
兰州
西路军冯胜路线
亦集乃
青海湖
扫林山
扎卜罕河
瓜州
沙州
骋海

三道征沙漠

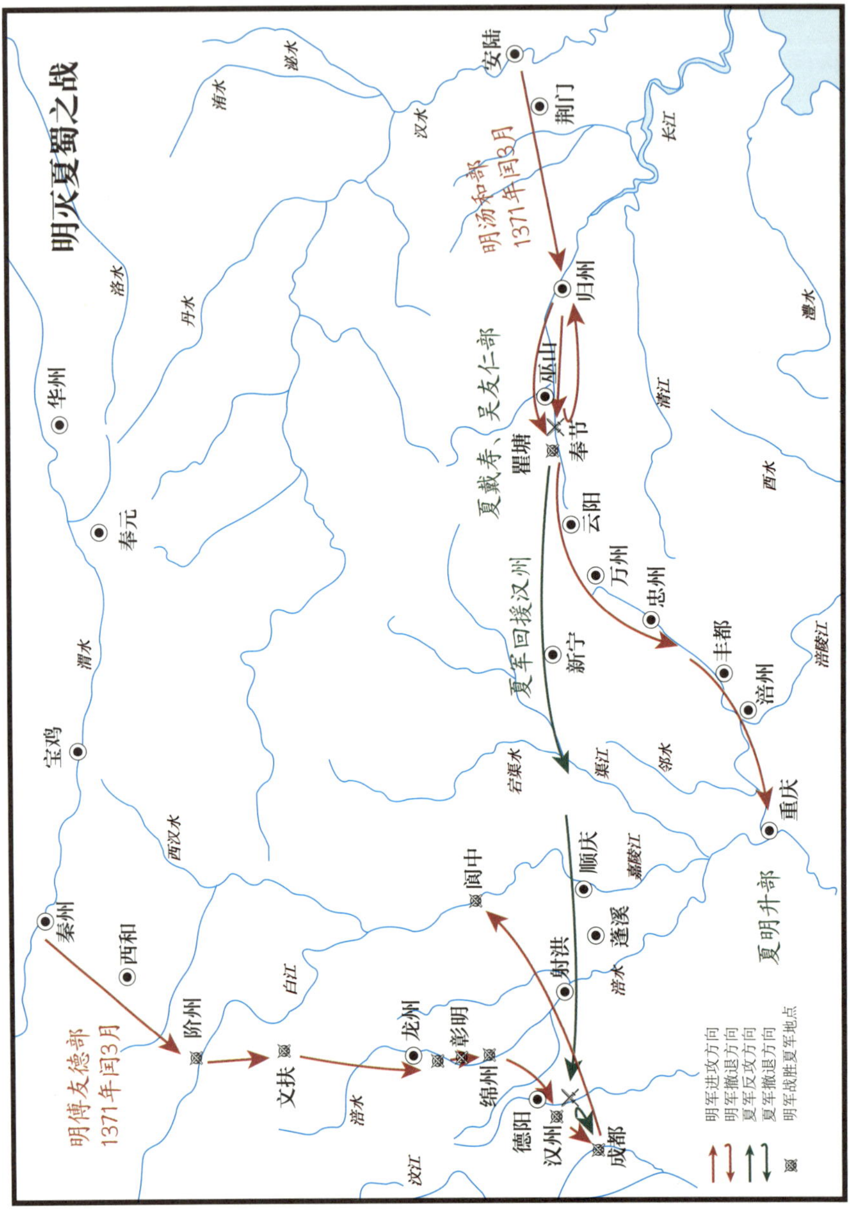
明灭夏蜀之战
安陆
泌水
淯水
汉水
荆门
长江
明汤和部
1371年闰3月
归州
洛水
丹水
澧水
华州
巫山
夏戴寿、吴友仁部
瞿塘
奉节
清江
西水
奉元
云阳
万州
忠州
夏军回援汉州
新宁
丰都
涪陵江
渭水
涪州
宝鸡
宕渠水
渠江
邻水
重庆
西汉水
顺庆
嘉陵江
阆中
秦州
西和
蓬溪
射洪
涪水
白江
夏明升部
明傅友德部
1371年闰3月
阶州
文扶
龙州
彰明
绵州
涪水
德阳
汉州
成都
汶江
明军进攻方向
明军撤退方向
夏军反攻方向
夏军撤退方向
明军战胜夏军地点

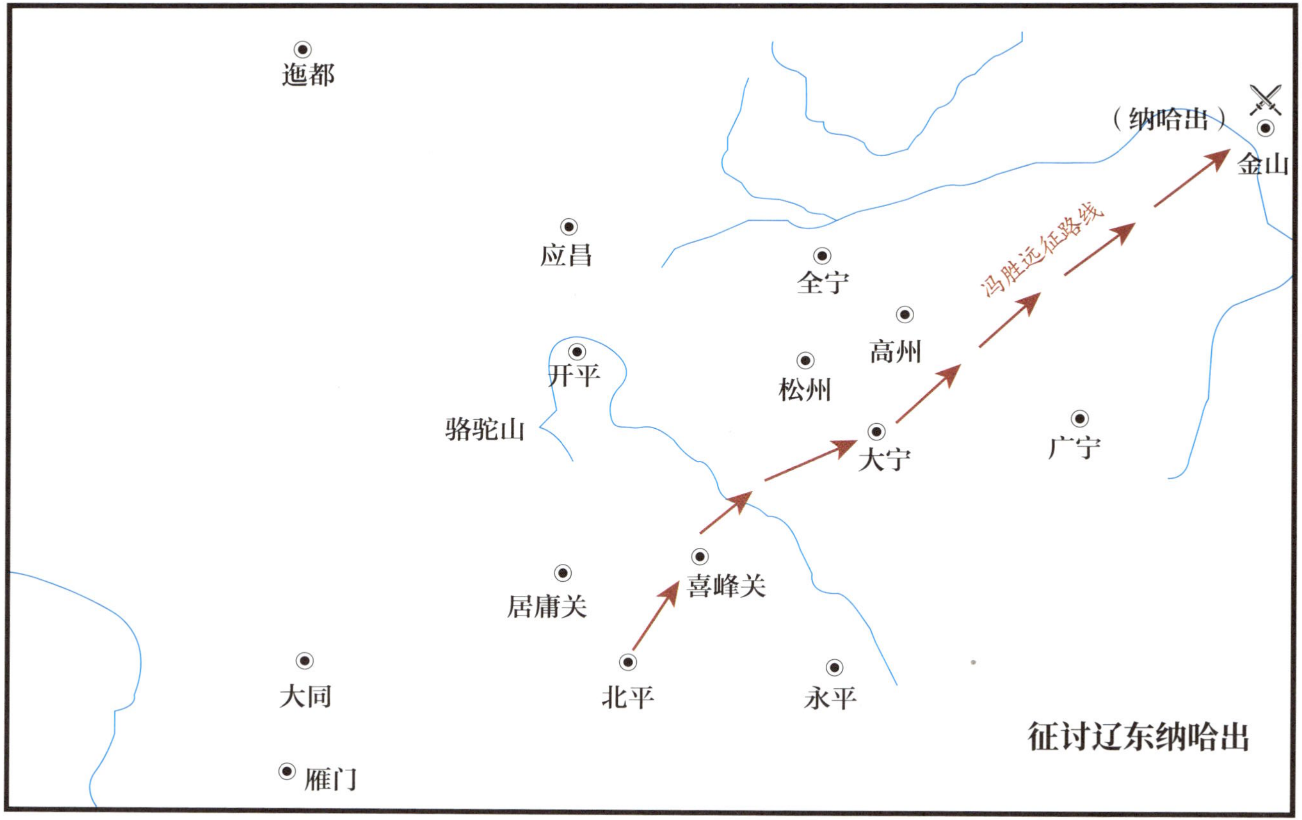
征讨辽东纳哈出
迤都
应昌
全宁
高州
松州
开平
骆驼山
大宁
广宁
（纳哈出）
金山
冯胜远征路线
居庸关
喜峰关
大同
北平
永平
雁门

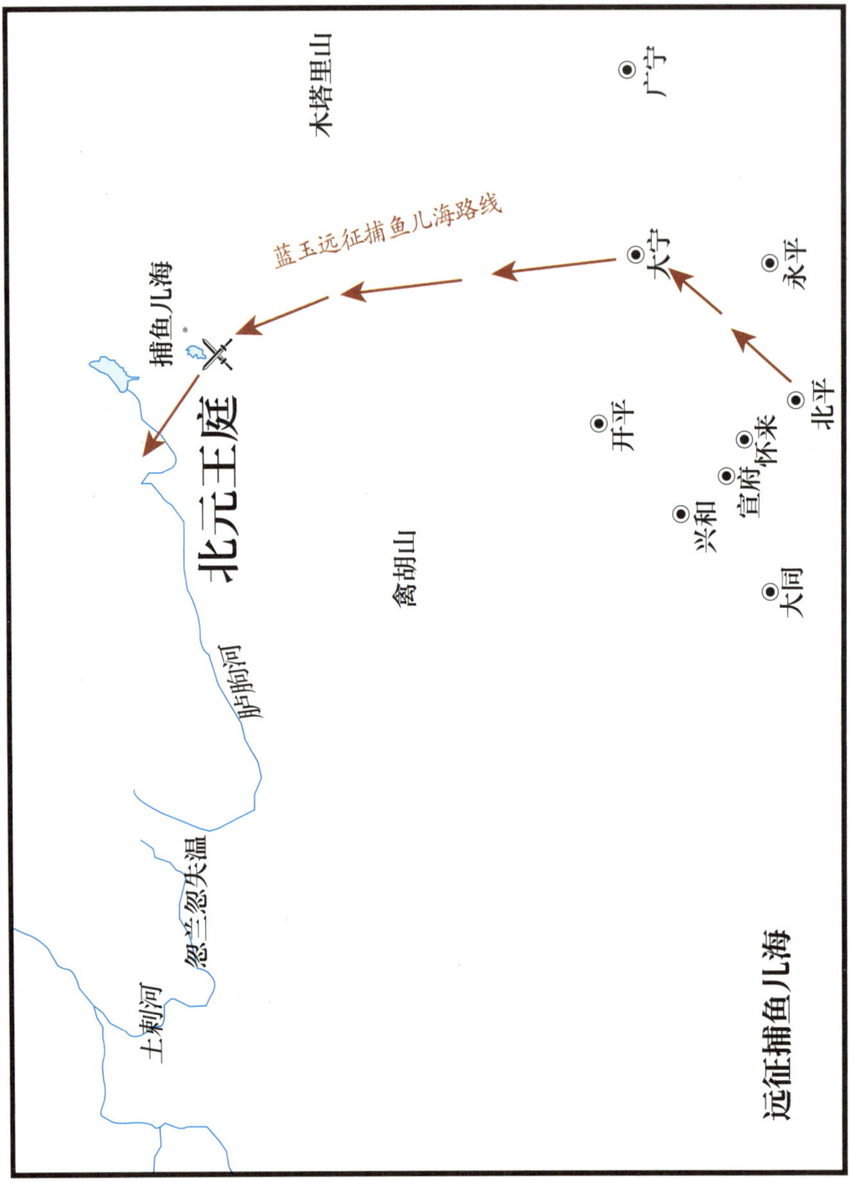

远征捕鱼儿海
蓝玉远征捕鱼儿海路线
木塔里山
广宁
大宁
永平
北平
开平
怀来
宣府
兴和
大同
捕鱼儿海
北元王庭
禽胡山
胪朐河
忽兰忽失温
土剌河

明北伐灭元之战
1 张兴祖等部1368年闰7月
2 徐达部1368年闰7月
3 冯宗异、汤和部1368年10月
4 邓愈部1368年3月
5 徐达、常遇春部1367年10月
6 北路军1368年3月5日
1 1369年7月元扩阔帖木儿部反攻泾州
2 1369年7月元扩阔帖木儿部反攻凤翔
3 1369年7月元扩阔帖木儿部反攻大同
1 元顺帝北逃
2 元扩阔帖木儿部回救太原
3 元扩阔帖木儿部往救大都
4 元扩阔帖木儿部战败西逃
5 1368年4月元张思道部逃往鄜州
6 1369年3月元张思道部逃往庆阳
7 1368年4月元李思齐部逃往凤翔
8 1369年3月元李思齐部逃往临洮
明军进军方向
元军撤退方向
元军反攻方向
明军战胜元军地点
保安
桑干水
大都
通州
直沽
大同
代州
保定
青州
滹沱河
沧州
渤海
蓬莱
莱阳
冀宁
寿阳
井陉
真定
平定
德州
乐安
寿光
高苑
临淄
益都
昌邑
平遥
榆次
临清
广平
东昌
济南
介休
邯郸
磁州
东阿
东平
汾水
潞州
彰德
黄河
沂水
卫辉
济宁
运河
沂州
宁山
武陟
怀庆
洛阳
偃师
虎牢关
汴梁
归德
徐州
邳州
淮安
永城
许州
泾水
庆阳
鄜州
蒲州
兰州
定西
静宁
平凉
会州
隆德
泾州
临洮
巩昌
伏羌
秦州
陇州
凤翔
咸阳
奉元
耀州
潼关
陕州
渭水
南阳
瓦店站
唐州
襄阳
汉水
淮水
扬州
集庆
嘉陵江
巢湖
岷江
大江
长江

会川